AF369685

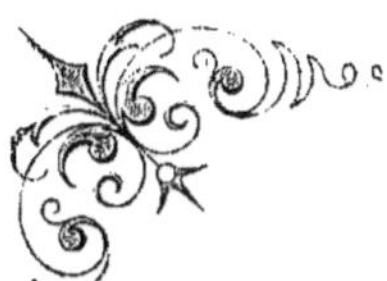

CATALOGUE

D'UNE COLLECTION

DE

TABLEAUX

ANCIENS & MODERNES

DES ÉCOLES

Hollandaise, Flamande, Française et Italienne

PARMI LESQUELS

15 PRODUCTIONS PAR M. ALBRIER

OBJETS D'ART ET DE CURIOSITÉ

La plus grande partie provenant du Cabinet de M. L.....

DONT LA VENTE AURA LIEU

HOTEL DES COMMISSAIRES-PRISEURS

RUE DROUOT, 5

SALLE N° 1, AU PREMIER ÉTAGE

Les Vendredi 11 et Samedi 12 Avril 1862, à 1 heure.

Par le ministère de Mᵉ Charles PILLET, Commʳᵉ-Priseur,
rue de Choiseul, 11,

Assisté de **M. FEBVRE**, Expert, rue Laffitte, 12,
Chez lesquels se distribue le présent Catalogue.

EXPOSITION PUBLIQUE

Le Jeudi 10 Avril 1862, de une heure à cinq heures.

PARIS

RENOU & MAULDE

IMPRIMEURS DE LA COMPAGNIE DES COMMISSAIRES-PRISEURS
RUE DE RIVOLI, 144

1862

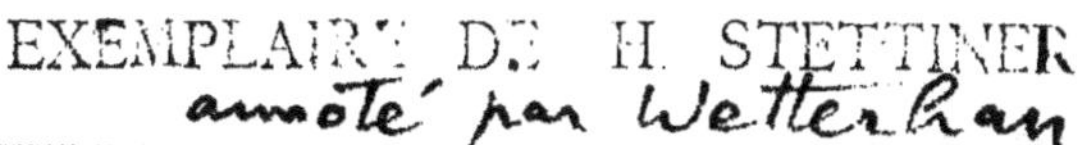

EXEMPLAIRE DE H. STETTINER
annoté par Wetterhan

CATALOGUE

D'UNE COLLECTION

DE

TABLEAUX

ANCIENS & MODERNES

DES ÉCOLES

Hollandaise, Flamande, Française et Italienne

PARMI LESQUELS

15 PRODUCTIONS PAR M. ALBRIER

OBJETS D'ART ET DE CURIOSITÉ

La plus grande partie provenant du Cabinet de M. L.....

DONT LA VENTE AURA LIEU

HOTEL DES COMMISSAIRES-PRISEURS

RUE DROUOT, 5 

SALLE N° 1, AU PREMIER ÉTAGE

Les Vendredi 11 et Samedi 12 Avril 1862, à 1 heure.

Par le ministère de Mᵉ Charles **PILLET**, Commʳᵉ-Priseur,
rue de Choiseul, 11,

Assisté de **M. FEBVRE**, Expert, rue Laffitte, 12,

Chez lesquels se distribue le présent Catalogue.

EXPOSITION PUBLIQUE

Le JEUDI 10 Avril 1862, de une heure à cinq heures.

1862

Cab. de Ricci   D 05417

ORDRE DE LA VENTE.

LE VENDREDI 11 AVRIL 1862

LES TABLEAUX ANCIENS

LE SAMEDI 12 AVRIL 1862

LES TABLEAUX MODERNES ET LES CURIOSITÉS

CONDITIONS DE LA VENTE.

Elle se fera au comptant.

Les adjudicataires paieront cinq centimes par franc, applicables aux frais, en sus des enchères.

DÉSIGNATION

DES

TABLEAUX

ECOLE MODERNE

1 — **Albrier**. L'Attente.
2 — Le Baiser.
3 — La Prière.
4 — Le Serment.
5 — La Sortie du bain.
6 — Daphnis et Chloé.
7 — Bacchante.
8 — L'Éducation de l'oiseau.
9 — La Pudeur.
10 — Le Repos.
11 — Buste de jeune fille.
12 — La Rêverie.
13 — Nymphe délaissée.
14 — La Colombe chérie.
15 — L'Automne.
16 — **Aman**. Épisode de la guerre de Crimée.
17 — Jeune Femme.
18 — **Ballue**. Une Fête à Versailles, sous Louis XV.

19 — **Besson** (FAUSTIN). Épisode de la Saint-Barthélemy.

20 — **Baudron**. Fruits.

21 — **Chassevant**. Nymphe et Amour.

22 — L'Innocence fuyant l'Amour.

23 — **Delaroche** (PAUL). Un des enfants de la maison de Gu se.

24 — **Decamps** (attribué à). Barque de pêcheurs

25 — **Diaz**. Paysage.

26 — **Dupré** (V.). Paysage.

27 — Le Ravin.

28 — **Fechner**. Chatte et ses petits.

29 — **Frère** (T.). Site oriental.

30 — **Hervier**. Cour de Ferme.

31 — **Jongkind**. Marine: clair de lune.

32 — Navire en rade.

33 — **Lessore**. La Leçon.

34 — **Longuet**. Le Repos.

35 — Nymphe couchée.

36 — Les Piéges de l'Amour.

37 — **Masson** (BENEDITE). Composition capitale. L'Incendie de Rome antique, grisaille imitant un dessin au crayon noir. OEuvre magistrale.

38 — Tête de femme, dessin à la sanguine.

39 — Femme nue, dessin aux trois crayons.

40 — **Melbye**. Marine.

41 — **Marilhat** (attribué à). Paysage ; site oriental.

42 — **Monginot** (C.). Joueur de violon.

43 — **Notterman**. Oiseau mort appendu à un arbre.

44 — **Roqueplan** (C.). Plage de Saint-Malo.

45 — **Roqussen**. Le Parc de La Haye.

46 — **Rossi**. Deux Vues de Venise.

47 — Vue de Venise: le Palais des doges.

48 — Autre Vue: les Procuraties.

49 — **Salmon**. Coq et poules.

50 — **Troyon** (attribué à). Paysage.

51 — **Valter-Richer**. Femme orientale.

52 — **Véron**. Paysage boisé.

53 — **J.-D.** (signé). Paysage avec mare.

54 — **Inconnus**. Paysage.

55 —   Id.   id.

56 —   Id.   L'abbé de Rancé au couvent de
                            la Trappe.

57 —   Id.   Paysage.

58 —   Id.   Marine.

59 —   Id.   Rade et port de mer.

TABLEAUX ANCIENS

ÉCOLE FRANÇAISE

60 — Benard. La promenade de Longchamps sous Louis XV.

Un grand nombre de personnages richement costumés se promènent sur une des contre-allées ; à droite, plusieurs cafés aux portes desquelles sont attablés des consommateurs ; sur la grande chaussée, de nombreux carosses ; sur tous les points, une foule immense.

61 — Boucher (F.). Le repos de l'Amour.

62 — Boucher (École de). Jeune bergère assise sur un tertre ; caresse un agneau, près d'elle un villageois joue de la cornemuse.

63 — Boucher (École de). L'enfance de Bacchus. Camaïeu.

64 — Bourdon (attribué à SÉBASTIEN). Sainte Famille. Dessin rehaussé.

65 — Caresme (JACQUES). Jeune fille parée de fleurs.

66 — Crépin (LOUIS). Quatre paysages avec rochers et cascades.

67 — **Coypel** (ANTOINE). Dame de la Cour sous la figure de Diane chasseresse.

68 — **Desportes** (attribué à). Paon, perroquet et fleurs.

69 — **Deshays** (JEAN). Portrait de femme.

70 — **Huet** (NICOLAS). Villageois offrant des fleurs à une jeune bergère.

71 — **Hilaire**. Paysage avec cours d'eau.

72 — **Hue** (J.-F.). Rade et entrée de port; clair de lune.

73 — **Jeaurat De Bertry**. L'Amour et Psyché.

73 bis. — **Lagrenée** (ANSELME). La Vérité guide la Jeunesse et lui présente son miroir derrière lequel se cache l'Amour.

74 — **Michel**. Montmartre. Paysage.

75 — **Mignard** (PIERRE). L'enlèvement d'Europe.

76 — Le jugement de Pâris.

77 — **Oudry** (JEAN-BAPTISTE). Ésope debout, près d'un arbre, et entouré par divers animaux.

78 — **Patel** (PIERRE). Paysage et port de mer.

79 — **Renoux** (ANTOINE). Église abbatiale de Jumièges.

80 — **Sauvage** (attribué à). Jeux d'enfants. Grisaille. Deux pendants.

81 — **Valin**. Bacchante endormie et petits Amours dans un paysage.

82 — **Verdier** (FRANÇOIS). Mort d'une sainte

83 — **Watteau** (Genre de A.). Tête de jeune garçon.

84 — **Inconnu**. Groupes de fleurs. Deux pendants.

ECOLES FLAMANDE ET HOLLANDAISE

85 — **Bégyn** (A.). Paysage avec marche d'animaux.

86 — **Cuylenburgh**. Nymphes dans une grotte.

87 — **Cuyp** (attribué à A.). Petit écuyer tenant un cheval en bride.

88 — **Diétrich**. Jeunes femmes et cavaliers en habits de fête, se reposant à l'ombre de grands arbres.
Charmante composition rappelant celles de Watteau.

89 — **Franck** (FRANÇOIS). Le Christ expire sur la croix, au pied de laquelle sont les Saintes Femmes et des soldats.

90 — **Goyen** (VAN). Canal et pâturage hollandais.

91 — **Heem** (École de DE). Nature morte.

92 — **Honthors** (GÉRARD). Jupiter et Antiope.

93 — Bacchante.

94 — **Hobbéma** (Genre de). Un site de la Frise. Paysage.

95 — **Laen** (VAN DER). La collation.

96 — La leçon de musique.

97 — **Maltais** (Le Chevalier). Instruments de musique.

98 — **Menderhout**. Entrée d'une ville italienne.

99 — **Miel** (JEAN). Mer agitée.

100 — **Miéris** (école de). Dame hollandaise occupée à broder.

101 — **Moucheron** (ISAAC). Paysage éclairé par les derniers rayons du soleil.

102 — **Netscher** (C.). Jeune dame sous la figure de Flore.

103 — **Netscher** (École de C.). Famille hollandaise.

104 — **Ruisdaël** (SALOMON). Site hollandais baigné par une rivière. Bonne qualité de maître.

105 — **Rubens** (d'après). Bataille.

106 — **Schalcken** (G.). Le sommeil de Flore.

107 — **Stalbent**. Gentilhomme visitant une galerie de tableaux.

108 — **Vauters**. Canal hollandais. Clair de lune.

109 — **Velde** (GUILLAUME VAN DE). Navires sur rade.

110 — **Verbœchoven** (Attribué à). Animaux dans un pâturage.

111 — **Verkolie**. La Toilette

112 — Diane chasseresse.

113 — **Vlieger** (SIMON DE). Marine hollandaise.

114 — **Vos** (C. DE). La Vierge et l'Enfant Jésus.

115 — **Vitte** (JEAN DE). Enfants jouant avec des fleurs.

ÉCOLE ITALIENNE

116 — **Appiani**. Deux Grisailles, allégories.

117 — **Canalletti** (École de). Deux vues de Venise.

118 — **Corrège** (D'après). Jupiter et Léda.

119 — **Franria** (École de). Sainte Famille.

120 — **Guido** (École de RENI). Le sommeil de Jésus.

121 — **Murillo** (École de). Saint François.

122 — **Primatice** (F.). Allégorie religieuse.

123 — **Salario** (D'après ANDREA). La Vierge allaitant Jésus.

124 — **Schiavone** (MEDULA) Figures allégoriques.

125 — **Tobar**. La Vierge et l'Enfant Jésus.

126 — **Vinci** (École de LÉONARDO). L'Enfant Jésus embrassant le petit saint Jean.

127 — **Inconnu**. Betzabée au bain.

128 — **Vitelli** (VAN). Vue des Procuraties. Venise.

129 — **École anglaise**. Deux sujets, d'après une œuvre de Schakespeare.

130 — Jeune garçon. Esquisse.

131 — Grande quantité de belles bordures dorées, de diverses grandeurs.

OBJETS DE CURIOSITÉ

132 — Douze tasses avec soucoupes et présentoirs en porcelaine de Chine transparente, décor émaillé à sujets de mandarins.

133 — Grand vase en porcelaine de Saxe, la panse représentant, en bas relief, une bataille, des trophées et des figures mythologiques se détachant en ronde-bosse.

134 — Autre vase faisant pendant au précédent, orné d'une Chasse au Cerf, également en relief.

135 — Autre vase ayant la forme d'une buire, avec figure en relief, Junon sur son char, près d'elle des amours voltigeant.

136 — Autre vase, pendant du précédent, le triomphe de Neptune.

137 — Deux porte-bouquets en porcelaine de Sèvres, pâte tendre, monture en bronze doré.

138 — Deux vases en faïence italienne, ornés de frises à arabesques. Les anses formés par des serpents enroulés.

139 — Deux vases en porcelaine de Chine, fond flamme de punch.

140 — Une garniture de cinq vases en porcelaine du Japon, beau décor sur fond bleu.

141 — Buste d'empereur romain, bronze florentin.
142 — Deux grands vases en faïence laquée, fond rouge avec sujets en rehauts d'or.
143 — Deux idem, plus petits.
144 — Deux fûts de colonnes, idem.
145 — Une garniture de cinq vases, idem.
146 — Deux vases, forme de bouteilles, idem.
147 — Un Saint, pierre sculptée.
148 — Ancien bahut en bois sculpté.
149 — Terres cuites diverses.
150 — Une armure ancienne.
151 — Une glace à biseau dans son cadre en marqueterie.
152 — Une autre avec cadre en bois sculpté et doré.
153 — Deux buires en bronze doré.
154 — Un buste de Louis XVIII en porcelaine.
155 — Plat en faïence, fabrique della Fratta.
156 — Trois salières et un moutardier, cuivre argenté de l'époque de Louis XVI.
157 — Coffre Louis XIII, en laque burgauté.
158 — Boîte de jetons en ivoire gravé.
159 — Une navette en bois noir avec incrustations.
160 — Deux grandes coquilles formant bénitier.
161 — Deux éventails.
162 — Sous ce numéro les objets non catalogués.

Renou et Maulde, imprimeurs de la Compagnie des Comissaires-Priseurs, rue de Rivoli, 144.   11317

www.ingramcontent.com/pod-product-compliance
Lightning Source LLC
LaVergne TN
LVHW021920180726
843502LV00008B/3184